Hannah Schatte

Verfahren und Ergebnisse des sozialen Dialogs nach Art. 136 ff. EGV

GRIN Verlag

Bibliografische Information der Deutschen Nationalbibliothek:

Die Deutsche Bibliothek verzeichnet diese Publikation in der Deutschen National-
bibliografie; detaillierte bibliografische Daten sind im Internet über http://dnb.d-
nb.de/ abrufbar.

Dieses Werk sowie alle darin enthaltenen einzelnen Beiträge und Abbildungen
sind urheberrechtlich geschützt. Jede Verwertung, die nicht ausdrücklich vom
Urheberrechtsschutz zugelassen ist, bedarf der vorherigen Zustimmung des Verla-
ges. Das gilt insbesondere für Vervielfältigungen, Bearbeitungen, Übersetzungen,
Mikroverfilmungen, Auswertungen durch Datenbanken und für die Einspeicherung
und Verarbeitung in elektronische Systeme. Alle Rechte, auch die des auszugsweisen
Nachdrucks, der fotomechanischen Wiedergabe (einschließlich Mikrokopie) sowie
der Auswertung durch Datenbanken oder ähnliche Einrichtungen, vorbehalten.

Impressum:

Copyright © 2008 GRIN Verlag GmbH
Druck und Bindung: Books on Demand GmbH, Norderstedt Germany
ISBN: 978-3-640-17933-6

Dieses Buch bei GRIN:

http://www.grin.com/de/e-book/115464/verfahren-und-ergebnisse-des-sozialen-
dialogs-nach-art-136-ff-egv

Hannah Schatte

HANSE LAW SCHOOL

Fortiter in re **,** *suaviter in modo*

Verfahren und Ergebnisse des Sozialen Dialogs nach §§ 136 ff. EGV

Ausarbeitung zum Referat vom 01.07.2008
Internationales Arbeitsrecht

Inhaltsverzeichnis

I. Einleitung.. 4

II. Geschichte des sozialen Dialogs.. 4

III. Verfahren des sozialen Dialogs.. 6

IV. Die Akteure 8

V. Formen des Sozialen Dialogs 9

   1. Der zweiseitige (bipartite) soziale Dialog 9

   2. Der dreiseitige (tripartite) soziale Dialog 10

VI. Problemfelder des sozialen Dialogs.. 10

Quellenverzeichnis

ARNOLD, SYLVIA	Der soziale Dialog nach Art. 139 EG: Eine Analyse unter besonderer Berücksichtigung der Legitimation des Ratsbeschlusses nach Art. 139 II 1 EG; Baden-Baden (2008).
HERVEY, TAMARA K.	European Social Law and Policy; London (1998).
PITSCHAS, RAINER	Sozialer Dialog für Europa; Heidelberg (1998).
SPIEß,URSULA	Sozialer Dialog und Demokratieprinzip; Berlin (2005).
STREECK, WOLFGANG (Hrsg.)	Governance in the European Union; Oxford (1996).
THEISS,URSULA	Die Durchführung europäischer Sozialpartnervereinbarungen auf nationaler Ebene; Berlin (2005).

I. Einleitung

Typischerweise handelt es sich im Bereich der europäischen Sozialpolitik um die Verfeinerung oder auch Anhebung von Standards, die in vielen Mitgliedsstaaten auch davor schon national geregelt waren, oder aber um Ergänzungen des nationalen Arbeitsrechts im Hinblick auf die Internationalisierung beziehungsweise konkret auf die Europäisierung des Wirtschaftslebens.

Der europäische soziale Dialog im Sinne der §§ 136ff. EGV ergänzt die nationalen Verfahren des sozialen Dialogs, die in den meisten Mitgliedsstaaten bereits existieren. Darüber hinaus stellt er das wesentliche Instrument dar, mit dem die Sozialpartner zur Festlegung europäischer sozialer Standards beitragen.

Die Entstehungsgeschichte, sowie die Verfahren und Problemfelder des europäischen sozialen Dialogs werden im Folgenden Gegenstand dieser Bearbeitung sein.

II. Geschichte des sozialen Dialogs

Mitte der Achtziger Jahre kam die Aktivität der Gemeinschaft im Bereich der Sozialpolitik praktisch zum Erliegen. Man sprach in diesem Zusammenhang auch von „Eurosklerose" [1] . Der Schwerpunkt der nationalen arbeitsrechtlichen Bewegungen lag eher auf der Flexibilisierung und Deregulierung des Arbeitsrechts.

Die darauf folgende Zunahme der Maßnahmen im Bereich der Sozialpolitik, vor allem arbeitsrechtliche Richtlinien, waren schließlich auch von einem gewissen Wandel im Regulierungsstil, in Richtung „Neo- Voluntarismus" [2] begleitet, den vor allem Mitterand propagierte. Er hatte Anfang der Achtziger ein Memorandum an den Rat gerichtet, das die Schaffung eines europäischen Sozialraumes vorsah. Dieser Plan zielte auf die Förderung der Beschäftigungsmöglichkeiten durch die Gemeinschaft, eine verstärkte Zusammenarbeit zwischen Unternehmensleitungen und Gewerkschaften auf Gemeinschaftsebene und die Verbesserung von Informations- und Konsultationsverfahren auf dem Gebiet des Sozialschutzes.

Die neue Kommission unter Jaques Delors setzte 1984 die Ideen von Mitterand umgehend um und verband dadurch die Vision von einem europäischen Sozialraum

---

[1] Harvey, S.17ff.
[2] Streeck, S. 15.

4

mit der Idee eines europäischen Binnenmarktes, um das Sozialdumping und etwaige daraus resultierende Wettbewerbsvorteile zu verhindern. Delors folgte hierbei keiner traditionellen arbeits- oder sozialrechtlichen Politik, sondern vielmehr der Idee von einem „sozialen Dialog", durch den in den Bereichen wie Beschäftigung oder Bedingungen am Arbeitsplatz durch Verhandlungen zwischen Arbeitnehmer- und Arbeitgeberorganisationen auf europäischer Ebene konsensuelle Lösungen gefunden werden sollten.

Nach den Gesprächen von Val Duchesse zu denen die EG- Kommission und die Vertreter der großen europäischen Arbeitnehmer- und Arbeitgeberorganisationen eingeladen wurden, wurde auch die Einsetzung zweier Arbeitsgruppen für „Makroökonomie" und „Neue Technologien und sozialer Dialog" beschlossen. Die primärrechtliche Anerkennung findet sich in Art. 118b EWGV, der jedoch lediglich programmatischen Charakter besitzt und keine Vertragskompetenzen zum Erlass verbindlicher Rechtsakte enthält. Somit konnten die Vereinbarungen im Sinne dieses Artikels keinerlei Rechtswirkung außerhalb der vertragsschließenden Parteien entfalten.[3]

Angesichts dieses Defizits verlangten die Sozialpartner, die sich auf reiche Erfahrungen bei der Ausübung von Kollektivautonomie in den einzelnen Mitgliedsstaaten stützen konnten, eine stärkere Beteiligung an der Gestaltung der arbeitsrechtlichen Beziehungen auf europäischer Ebene und propagierten die Idee der „verhandelnden Gesetzgebung"[4], welche durch eine Vereinbarung vom 31.10.1991, in der die europäischen Sozialpartner eine aktive Mitwirkung im Rahmen einer gemeinschaftlichen Gesetzgebung vorschlugen, manifestiert wurde.

Angenommen wurde dieser Vorschlag bei den Verhandlungen über den Vertrag von Maastricht, im Zuge derer die Kommission die Erweiterung der Kompetenzen der EG auf dem Gebiet der Sozialpolitik und die Anerkennung von europäischen Kollektivverträgen gefordert hatte. Auch das Europäische Parlament hatte bei dieser Gelegenheit die Anerkennung von europäischen Tarifverträgen auf der Basis des Art. 118b EWG gefordert. Dies scheiterte jedoch an einem Veto des Vereinigten Königreichs, das sich gegen jegliche Ausdehnung der sozialpolitischen Kompetenzen der EG sperrte. Jaques Delors brachte jedoch ohne die Unterstützung des Vereinigten Königreichs das Protokoll des EU- Vertrages über die Sozialpolitik

---

[3] Streeck, S. 18.
[4] Im Original: législation négociée.

und das Abkommen zwischen den Mitgliedstaaten der Europäischen Gemeinschaft über die Sozialpolitik (AüS) auf den Weg.

Art. 3 und 4 AüS verschafften den Sozialpartnern bei der Rechtsetzung durch Rat und Kommission eine formale Position mit einem Anhörungsrecht und auch die Möglichkeit, das Verfahren an sich zu ziehen und eine Vereinbarung über den Gegenstand zu treffen, der durch die Richtlinie geregelt werden soll. Durch Beschluss des Rates besteht die Möglichkeit dieser Vereinbarung rechtliche Verbindlichkeit zuzuerkennen. Außerdem kann ein Mitgliedstaat den Sozialpartnern auf deren gemeinsamen Antrag die Durchführung der Richtlinie übertragen. Dies scheint die Antwort auf die Kritik, die Rechtsetzung der EG beschränke sich allein auf hoheitliche Eingriffe und räume der Tarifautonomie keinen hinreichenden Platz ein.[5] Schließlich wurde das AüS durch den Vertrag von Amsterdam in den EGV (Art. 138 und 139 EGV) inkorporiert und auch die Verfahrensposition der Sozialpartner wurde im Vertrag beibehalten.

III. Verfahren des sozialen Dialogs

Artikel 138 EG- Vertrag umfasst die Anhörungs- und Beteiligungsrechte der europäischen Sozialpartner an der sozialpolitischen Rechtsetzung.

Wie bereits oben erwähnt, sind mit dem AüS die Anhörungsrechte der Sozialpartner beim Erlass von Rechtsakten der Gemeinschaft ausgestaltet worden. Seitdem verfügen europäische Arbeitgeber- und Arbeitnehmerorganisationen über eine Rechtsposition, die es ihnen erlaubt, in das Rechtsetzungsverfahren unmittelbar einzugreifen.[6]

Art. 138 EGV sieht die obligatorische Anhörung der Sozialpartner auf europäischer Ebene in den in Art. 137 EGV genannten beschäftigungspolitischen und sozialen Fragen vor. Dieses Verfahren wird in zwei Phasen organisiert. Gemäß Art. 138 II EGV muss die Kommission die Sozialpartner bei Vorschlägen zu der Frage wie eine Gemeinschaftsaktion gegebenenfalls ausgerichtet werden sollte, anhören. Kommt die Kommission daraufhin und auf der Grundlage der Anhörung, bei der der Sachverstand der Sozialpartner bereits in einer frühen Phase gesetzgeberischer

---

[5] Zudem haben Art. 4 I und II AüS wesentlich dazu beigetragen, dass der EuGH, in der Entscheidung „Brentjens" (Rs C-115-117/97), das europäische Wettbewerbsrecht (Art. 81 ff. EGV) nicht auf Tarifverträge anwenden möchte.

[6] Fuchs, S.152 ff.

Überlegung eingebracht wird, zu der Auffassung, dass eine Gemeinschaftsmaßnahme zweckmäßig ist, dann findet eine erneute Anhörung der Sozialpartner zum Inhalt des Vorschlags gemäß Art. 138 III 1 EGV statt. Die Sozialpartner können auf verschiedene Weise von ihrem Anhörungsrecht Gebrauch machen: gemäß Art. 138 III 2 EGV können sie eine Stellungnahme oder Empfehlung zu dem Vorschlag der Kommission abgeben, oder auf der Basis des Art.138 IV EGV das Verfahren nach Art. 139 EGV in Gang setzen und dies der Kommission mitteilen. Dies ist die Gelegenheit um selbst die Initiative für eine inhaltliche Gestaltung des Gegenstandes auf dem Wege einer Vereinbarung zu übernehmen.[7]

Der soziale Dialog kann sowohl zu vertraglichen Beziehungen als auch zum Abschluss von Vereinbarungen führen, deren zusätzliche Rechtsqualität durch Art. 139 II EGV, dem Transformationsverfahren für abgeschlossene Vereinbarungen, offenbar wird. Art. 139 II 3 EGV bietet drei Varianten der Transformation: Erstens die Transformation nach den Verfahren und Gepflogenheiten der Sozialpartner, wodurch die auf europäischer Ebene geschlossenen Vereinbarung zum Gegenstand von Kollektivverhandlungen in den einzelnen Mitgliedstaaten werden sollen, um den europäischen sozialen Dialog in die einzelstaatlichen Tarifsysteme hineinzutragen. Die so genannte autonome Umsetzung der Sozialpartner. Bei dem im Juli 2002 erzielten Abkommen über Telearbeit beschlossen die Sozialpartner erstmals eine solche autonome Umsetzung zu versuchen. Auch für das Abkommen über Stress am Arbeitsplatz vom Oktober 2004, sowie den beiden Aktionsrahmen für lebenslange Entwicklung von Kompetenzen und Qualifikationen (Februar 2002) und zur Gleichstellung von Männern und Frauen (März 2005). Problematisch ist allerdings, dass die Verhandlungen immer auf freiwilliger Teilnahme beruhen. So gab es beispielsweise keine Bereitschaft zur Verhandlungen von Seiten der Arbeitgeber in den Bereichen Information und Konsultation der Arbeitnehmer und sexuelle Belästigung. Für die Vereinbarung bleibt den Sozialpartnern gemäß Art. 139 IV 2 EGV jedoch nur ein zeitlicher Rahmen von neun Monaten, wenn nicht zwischen ihnen und der Kommission eine Verlängerung beschlossen wurde. Dies stellt die verschiedenen Organisationen vor große organisatorische Probleme, da in dieser Zeit ein Konsens gefunden werden muss. Scheitern die Verhandlungen, so nimmt die Kommission einen Beschluss, wodurch das Problem der unterschiedlichen

---

[7] Spieß, S. 26.

Interessensgruppen durch die Einbeziehung der einzelnen Mitgliedstaaten freilich nur verlagert wird. Auch ein mehrjähriges Arbeitsprogramm, sowie regelmäßige gemeinsame Stellungnahmen der Sozialpartner sind Teil dieser autonomen Umsetzung. Zudem obliegt die Kontrolle über die Durchführung und Umsetzung den Arbeitgeber- und Arbeitnehmerorganisationen.

Zweitens kann die Transformation auch durch die Durchführung durch die einzelnen Mitgliedstaaten stattfinden.[8] Hierbei übernimmt der nationale Gesetzgeber durch eine normative Regelungsform den Inhalt der auf europäischer Ebene getroffenen Vereinbarung. Bei diesen beiden Formen der Transformation ist die verbindliche Regelung auf einen zweiaktigen Rechtsschöpfungsvorgang angewiesen, da die Vereinbarung auf europäischer Ebene zunächst nur politische, rechtlich aber unverbindliche Vorgaben mit empfehlendem Charakter für die nationalen Umsetzungsorgane beinhaltet.

Eine dritte Form der Transformation kann durch einen Beschluss des Rates erfolgen.[9] Dies ist allerdings nur bei Gegenständen möglich, die von Art. 137 EGV erfasst sind. Ist es ein Gegenstand im Sinne des Art. 137 III EGV, muss nach Art. 139 II 2 EGV ein einstimmiger Beschluss des Rates erfolgen. Ansonsten wird mit qualifizierter Mehrheit entschieden. Zudem wird dem Rat das Wahlrecht zuerkannt, ob er als Rechtsakt eine Richtlinie oder Verordnung für angemessen hält.

IV. Die Akteure

Die Rechte nach Art. 138 und 139 EGV kommen allein Sozialpartnern auf europäischer Ebene zu. Seit langem ist ungeklärt, welche Eigenschaften eine Organisation erfüllen muss, um in diesen sozialen Dialog einbezogen werden zu müssen.

Die Hauptakteure sind die nach wie vor die Sozialpartner von Val Duchesse, auf Arbeitgeberseite UNICE und der Zusammenschluss öffentlicher Arbeitgeber CEEP. Auf Arbeitnehmerseite ist es der Europäische Gewerkschaftsbund EGB. Diese drei Verbände haben bisher an dem institutionalisierten sozialen Dialog teilgenommen, demnach findet keine Erfassung des gesamten Spektrums der auf europäischer Ebene tätigen Verbänden von Arbeitgebern und Arbeitnehmern statt. UEAPME gelang es 1998 durch ein Kooperationsabkommen mit UNICE zu den Sozialpartnern

---

[8] Theiss, S. 35.
[9] Arnold, S. 19 f.

8

im engeren Sinne aufzuschließen. Im Sommer 2002 hat UEAPME erstmals als selbständiger Partner das Telearbeitsabkommen unterzeichnet, womit eine gewisse Emanzipierung gegenüber UNICE erfolgte. Fraglich ist trotzdem, ob diese Ausblendung von Repräsentanten im Einklang mit den Vorschriften über den sozialen Dialog ist.[10]

Die Kommission tendiert prinzipiell, im Gegensatz zum Europäischen Parlament und den drei Hauptakteuren, zur Anhörung aller europäischen Organisationen, so dass gegenwärtig etwa 30 Verbände in den Prozess miteinbezogen werden. Wenn es aber um die Bestimmung der Sozialpartner geht, die in Verhandlungen hinsichtlich eines Vorschlags eintreten oder nach Art. 139 EGV eine Vereinbarung abschließen wollen, hat die Kommission erklärt, sich nicht in die autonome Festlegung der Organisationen einmischen zu wollen. Da sich bisher nur UNICE, CEEP, EGB und seit kurzem auch UEAPME gegenseitig anerkannt haben, ist es auch nur zu Beteiligung dieser Verbände an einem Verfahren nach Art. 139 EGV gekommen. Allerdings lässt sich, nach dem Urteil des EuGH[11] aus Art. 138 EGV (früher Art.3 AüS) auch keine Berechtigung von Sozialpartnern ableiten, an den geplanten Verhandlungen teilzunehmen.

V. Formen des Sozialen Dialogs

Im gemeinschaftlichen System bestehen die horizontale (branchenübergreifende) und die sektorale Ebene nebeneinander. In beiden Bereichen wird der soziale Dialog jeweils zwischen den Sozialpartnern untereinander (zweiseitiger oder bipartiter sozialer Dialog) und zwischen den Sozialpartnern und den europäischen Institutionen (dreiseitiger oder tripartiter sozialer Dialog) geführt.

Der sektorale Dialog dient primär als Anhörungs- und Dialogforum zur Interessensabstimmung.

1. Der zweiseitige (bipartite) soziale Dialog

Diese Art des Dialogs bezeichnet den Austausch, in Form von Anhörungen, Meinungsaustauschen und Verhandlungen zwischen europäischen Arbeitgeberorganisationen und Gewerkschaften. Der zweiseitige Dialog findet

---

[10] Däubler, in: Heinemann, S.13.
[11] Rs. T-135/96, UEAPME/Rat, Slg. 1998, S. II-2335ff. (S. 2366f).

branchenübergreifend und auf sektoraler Ebene statt. Die branchenübergreifenden Sozialpartner bilden den Ausschuss „sozialer Dialog" mit seinen drei Facharbeitsgruppen, die sich mit makroökonomischen Fragen, Beschäftigungs- und Arbeitsmarktfragen und Problematiken der allgemeinen und beruflichen Bildung befassen. Die Kommission, in deren Anwesenheit die Arbeitsgruppen und Ausschüsse tagen, übernimmt dabei die Rolle eines Maklers oder Vermittlers. Die Ergebnisse werden auf den jährlichen europäischen Sozialkonferenzen vorgestellt.

2. Der dreiseitige (tripartite) soziale Dialog

Diese Form des sozialen Dialogs findet zwischen den Sozialpartnern und den europäischen Institutionen statt. Anlässlich des Konvents von Laeken im Dezember 2001 einigten sich die europäischen Sozialpartner auf eine Grundsatzerklärung zur Zukunft des sozialen Dialogs sowie zur Einrichtung eines tripartiten Gipfels.[12]
2003 wurde durch den Rat die Institutionalisierung eines dreigliedrigen Sozialgipfels für Wachstum und Beschäftigung beschlossen, dessen Mitglieder der amtierende und die zwei folgenden Ratsvorsitze, die Kommission und die Sozialpartner im engeren Sinne, die in Delegationen zu je zehn Vertretern teilnehmen und von UNICE und dem EGB geleitet werden, sind. Sie beschäftigen sich hauptsächlich mit vier Hauptgebieten: Makroökonomie, Beschäftigung, Sozialschutz und allgemeine und berufliche Bildung die auf die Koordinierung der wirtschafts- und sozialpolitischen Maßnahmen im Rahmen des Lissabon-Prozesses zielen.[13]
In der Folge wurde die dreigliedrige Koordinierung durch stärkere Einbindung der Sozialpartner in die Arbeit des Ausschusses für Sozialschutz, sowie in die Ausarbeitung und Umsetzung nationaler Aktionspläne immer weiter ausgebaut.

VI. Problemfelder des sozialen Dialogs

Wie oben bereits ausgeführt liegt eines der Problemfelder des sozialen Dialogs in dem Demokratiedefizit[14], das die Ausblendung verschiedener Repräsentanten auf europäischer Ebene fördert.

---

[12] Arnold, S.114 ff.
[13] Fuchs, S. 153 f.
[14] Spieß, S. 22ff.

Vor allem erscheint problematisch, dass das Europäische Parlament am Rechtssetzungsprozess in den Bereichen des Art. 137 EGV, ansonsten durch das Verfahren des Art. 251 EGV, dem Mitentscheidungsverfahren, beteiligt ist. Setzen jedoch die Sozialpartner während eines laufenden Legislativverfahrens nach ihrer Anhörung gemäß Art. 138 EGV den Prozess des Art. 139 EGV in Gang, oder schließen sie aus eigenem Antrieb eine Vereinbarung nach Art. 139 EGV, die durch Ratsbeschluss umzusetzen ist, so ist eine Beteiligung des Parlaments im Vertrag nicht mehr vorgesehen. Damit kann aufgrund der Initiative der Sozialpartner ein Rechtsakt, an dessen Zustandekommen das Europäische Parlament normalerweise mit Vetorecht beteiligt wäre, erlassen werden, ohne dass es auch nur anzuhören wäre.

Auch, und vor allem im Fall der Durchführung von Vereinbarungen mittels Beschluss einer Richtlinie des Rates können sich Konflikte mit den nationalen Systemen des Kollektivrechts ergeben. So weist etwa die durch Art. 9 III GG geschützte Tarifautonomie die Regelung der Arbeitsbedingungen den Koalitionen zu. Diese Tarifautonomie nicht auf europäischer Ebene repräsentierter Koalitionen ist jedoch relativ beschränkt, da sie, selbst wenn sie in die Umsetzung der Richtlinie gemäß Art. 137 IV EGV einbezogen werden, doch an die auf europäischer Ebene (ohne ihre Mitwirkung) vorgefassten, präzisen Rahmen gebunden sind. Früher war es zudem streitig, ob Richtlinien auch durch nationale Kollektivverträge umgesetzt werden können. Der Europäische Gerichtshof[15] entschied jedoch, dass dies grundsätzlich zulässig ist, sofern die Mitgliedsstaaten sicherstellen, dass das Ziel der Richtlinie erfüllt wird.

Ein weiteres Problem ist, dass die einheitliche Geltung der in der Richtlinie vorgegebenen Bestimmungen nicht nur für den jeweils kollektivvertraglich gebundenen Arbeitgeber oder Arbeitnehmer zu gewährleisten ist, sondern für alle Arbeitnehmer und Arbeitgeber. Dies stellt insbesondere ein Hindernis bei der autonomen Umsetzung der Vereinbarungen durch die Sozialpartner dar.

Für die Zukunft stellt sich neben der Frage der geographischen auch die der strukturellen Repräsentanz. Seit dem Beginn des sozialen Dialogs von Val Duchesse in den 80er Jahren hat sich die wirtschaftliche und soziale Struktur in Europa geändert.

---

[15] Entscheidung: „Kommission v. Italien, Rs 91/81.

11

Weiter beschäftigt sich der soziale Dialog auf europäischer Ebene mittlerweile auch mit dem Lissabon-Prozess in seiner Gesamtheit (ungeachtet der Tatsache dass die Verhandlungen über den Vertrag gescheitert scheinen) und ist damit nicht mehr nur mit den klassischen Arbeitgeber/Arbeitnehmer-Themen beschäftigt. Gerade vor dem Hintergrund der Lissabon-Ziele und der zentralen Rolle der Sozialpartner bei ihrer Erreichung muss sichergestellt werden, dass alle relevanten sozioökonomischen Akteure, insbesondere auch die europäischen Wirtschaftskammern, an der dreigliedrigen Konzertierung teilnehmen und einen Beitrag leisten zu können. Denn einerseits erschweren die unterschiedlichen Sozialsysteme und Arbeitsrechtsstandards der Mitgliedstaaten eine detaillierte Angleichung durch europäische Tarifpolitik, und andererseits verschärft die Liberalisierung der Wirtschaft im europäischen Binnenmarkt den Wettbewerbsdruck auf die nationalen Sozial- und Arbeitsrechtssysteme, sodass eine gemeinschaftliche Regelung dringender denn je benötigt wird.